INTRODUCCIÓN

Te compraste un bajo eléctrico...¿y ahora qué?

¡Felicidades! Qué bien se te ve agarrando ese bajo, frente al espejo, haciendo playback con la radio, meneando las caderas. ¿Pero acaso no quedarán tus amigos y tu familia aún más impresionados si realmente puedes tocar el condenado instrumento?

En tan sólo un par de semanas, te vamos a tener tocando unos temas muy conocidos, además de que improvisarás con algunos temas nuevos. Y para el final de este libro, a pasar a los éxitos—los Beatles, Clapton, Hendrix, y más.

Lo único que pedimos es que sigas estos tres puntos: **tener paciencia**, **practicar** y **avanzar a tu propio ritmo**.

No trates de hacer demasiado, y NO te saltes nada. Si te duelen los dedos, tómate el día. Si te frustras, déjalo y regresa más tarde. Si te olvidas de algo, retrocede y apréndelo de nuevo. Si lo estás pasando bien, olvídate de la comida y sigue tocando. Pero sobre todo, ¡diviértete!

SOBRE EL AUDIO

Nos da gusto que hayas notado el beneficio adicional de este libro– ¡pistas de audio! Cada ejemplo musical del libro está incluido en el sudio para que puedas escuchar como suena y toques con el audio cuando estés listo. Escúchalo cada vez que veas este símbolo: ❶

Antes de cada ejemplo en el audio hay un compás de "tictac" para indicar cuál es el tempo y el compás. Mueve el ajuste de señal (Balance) a la derecha para oír la parte de la guitarra enfatizada; mueve el ajuste a la izquierda para oír solamente el acompañamiento. A medida que te sientas más seguro, trata de tocar la parte de la guitarra junto con el resto de "la banda".

> Para tener acceso al audio visite:
> **www.halleonard.com/mylibrary**
>
> Enter Code
> 6960-6273-9453-6945

ISBN 978-0-634-02383-5

HAL•LEONARD®

Contact Us:
Hal Leonard
7777 West Bluemound Road
Milwaukee, WI 53213
Email: info@halleonard.com

In Europe contact:
Hal Leonard Europe Limited
Distribution Centre, Newmarket Road
Bury St Edmunds, Suffolk, IP33 3YB
Email: info@halleonardeurope.com

In Australia contact:
Hal Leonard Australia Pty. Ltd.
4 Lentara Court
Cheltenham, Victoria, 3192 Australia
Email: info@halleonard.com.au

UN BUEN PUNTO DE PARTIDA

Tu bajo es tu amigo...

Un instrumento puede ser como un buen amigo a través de los años—te puede apoyar durante las broncas más difíciles y ayudarte a hacer que desaparezcan esos blues. Así que antes de que empecemos, ponle un nombre a tu nuevo amigo de cuatro cuerdas.

¡Qué belleza!

A continuación verás una gráfica de un bajo eléctrico estándar. Debes conocer bien las partes de tu bajo, y no te olvides de ponerle un nombre.

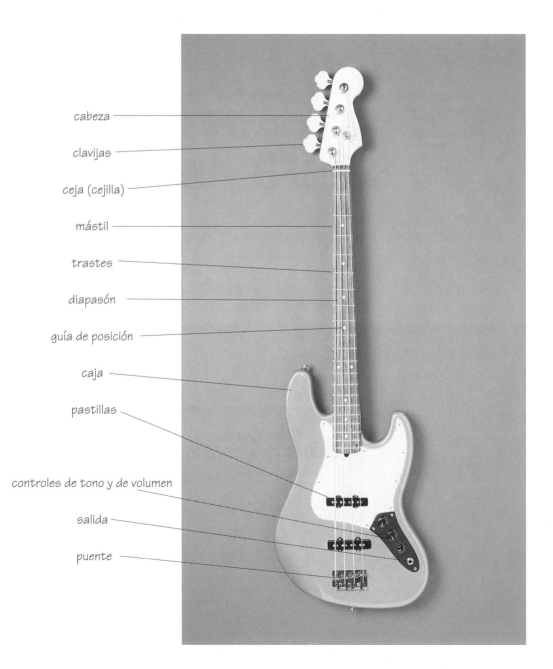

cabeza

clavijas

ceja (cejilla)

mástil

trastes

diapasón

guía de posición

caja

pastillas

controles de tono y de volumen

salida

puente

LA AFINACIÓN

Al afinar tu bajo, corriges la altura de sonido de cada cuerda. La **altura de sonido** se refiere a cuán aguda (alta) o grave (baja) es una nota musical. Para ajustar la altura de sonido, se tensa (o se afloja) la cuerda usando las clavijas de la cabeza del bajo. Cuanto más tensada la cuerda, más alta la altura de sonido.

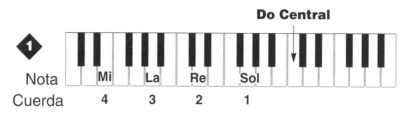

Las cuatro cuerdas de tu bajo han de estar afinados **Mi-La-Re-Sol**.

OJO: Tensa las cuerdas lentamente y no mucho, o ¡verás como de pronto regresas a la tienda para comprar nuevas cuerdas!

La afinación con el piano

¡No, no vas a afinar todo un piano! Si tienes a la mano un piano o un teclado eléctrico, toca las notas arriba una por una y afina la cuerda del bajo que corresponda hasta que la altura del sonido sea igual a la del piano.

Afinador eléctrico

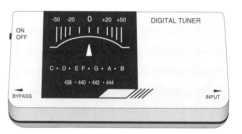

Si no cuentas con el lujo de un piano o un teclado, es posible que quieras comprar un afinador de bajo eléctrico.

Un afinador "escuchará" cada cuerda cuando la toques e indicará si la altura de sonido es demasiado aguda o grave.

No te desesperes...si no tienes piano y no puedes comprar un afinador, existe aún otra solución ...

La afinación relativa

Para afinar tu bajo al oído, las cuerdas tienen que estar afinadas entre sí. Se logra esto de la manera siguiente:

 Si suponemos que la cuerda 4 ya está bien afinada para dar la nota Mi, presiona la cuerda 4 en el traste 5, luego pulsa la cuerda 4 al mismo tiempo que la cuerda 3 al aire. Cuando los dos sonidos emitidos coincidan, las cuerdas estarán afinadas.

 Presiona la cuerda 3 en el traste 5 y afina la cuerda 2 al aire hasta lograr el mismo sonido.

Presiona la cuerda 2 en el traste 5 y afina la cuerda 1 al aire hasta lograr el mismo sonido.

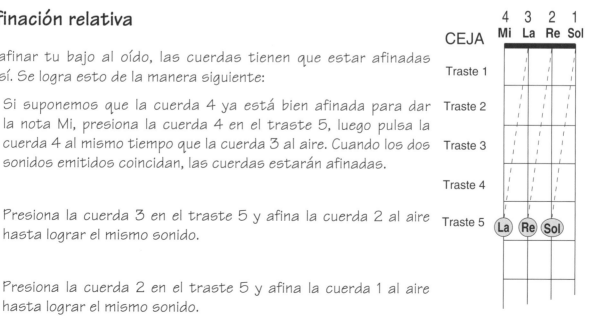

UNAS CUANTAS COSAS MÁS

(...¡antes que toquemos!)

Siéntate y quédate tantito...

Quizás la manera más cómoda de aprender a tocar el bajo, y la que menos cansa, es estar sentado.

Una vez que hayas aprendido algunos temas, puedes sentirte libre de estar de pie, echarte en el suelo, o agarrar el bajo como mejor te parezca. Pero de momento, no te esfuerces demasiado en eso, mejor échale ganas a aprender a tocar.

sentado

de pie

Favor de agarrar...

Agarra el mástil del bajo con la **mano izquierda**, y con el pulgar apoyado cómodamente en la parte posterior del mástil.

Mantén el mástil del bajo un poco inclinado hacia arriba —no hacia abajo (por lo menos hasta que te encuentres en escenario frente a un público de miles de aficionados).

posición de la mano izquierda (dedos)

posición de la mano izquierda (pulgar)

No hay nada que te saque de onda aquí, así que no agarres el mástil de tu bajo demasiado estrechamente (¡te va a doler la mano!).

Mira esto...

Las tablaturas representan gráficamente una parte del diapason y te muestran dónde tocar las notas y los acordes. Para indicar las notas que se tocan, se escriben los nombres de las notas en unos círculos que figuran en las tablaturas.

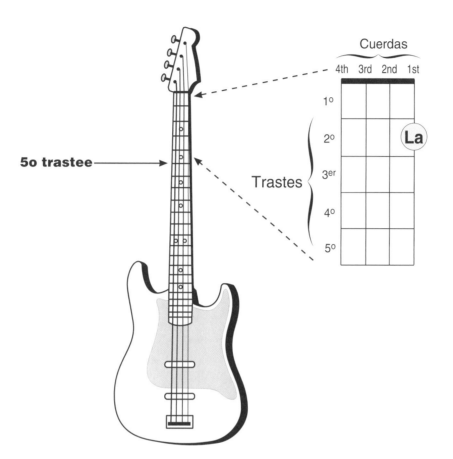

5o trastee

Piensa que los dedos de tu mano izquierda están enumerados de 1 a 4.

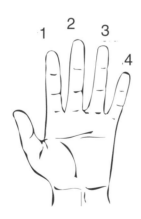

dobla ↗

DOBLA LA PUNTA DE ESTAS DOS PÁGINAS
(...tendrás que revisarlas más tarde)

La música es una lengua con sus propias gráficas, estructuras, reglas (y excepciones a éstas). Leer, escribir y tocar música requiere un conocimiento de todos los símbolos y las reglas. Pero vamos a ver cada cosa paso a paso (unos cuantos pasos ahorita, y otros más adelante)...

Las notas

La música se escribe con unas cositas que se llaman **notas.** Estas notas tienen todo tipo de forma y tamaño. Una nota cuenta con dos elementos fundamentales: la **altura de sonido** (su posición en el pentagrama lo indica) y el **valor rítmico** (las figuras a continuación representan las diferentes duraciones):

La duración (o el valor) rítmica te permite saber cuántos tiempos (o partes) dura la nota. Típicamente, una negra vale un tiempo. Partiendo de aquí, todo se divide como las fracciones (¡tampoco nos gustan las matemáticas!):

El pentagrama y la clave

Todas las notas se escriben en un **pentagrama**, o cerca de uno, que consiste en cinco líneas horizontales y cuatro espacios. Cada línea y cada espacio corresponde a una nota diferente. Un signo que se llama una **clave** indica qué notas están representadas en el pentagrama.

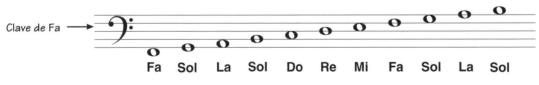

Las líneas adicionales

Como no todas las notas pueden caber en tan sólo cinco líneas y cuatro espacios, se usan las **líneas adicionales** para ampliar el pentagrama:

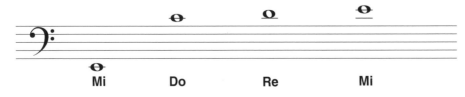

Los compases

Las notas de un pentagrama están organizadas en **compases** que ayudan a saber en qué parte de la canción estás.

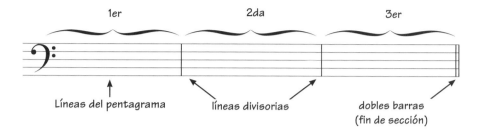

Las cifras del compás

Los compases siempre se representan gráficamente mediante las dos **cifras del compás**. Estas cifras indican cuántas partes se verán en cada compás. El número superior indica cuántos tiempos habrá en cada compás, y el número inferior indica qué tipo de nota será equivalente a una parte.

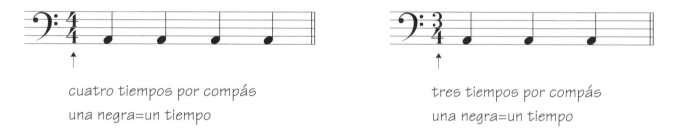

cuatro tiempos por compás
una negra=un tiempo

tres tiempos por compás
una negra=un tiempo

La Tablatura

La tablatura «TAB» es un tipo de notación especial para los bajistas. Las cuatro líneas de la gráfica de la tablatura representan (¡lo adivinaste!) las cuatro cuerdas de tu bajo. El número que se escribe en la línea indica qué traste (el espacio entre las varillas que separan los trastes) de la cuerda hay que presionar.

Cuerda 1, al aire   Cuerda 3, traste 4   Cuerda 2, traste 1   Cuerda 4, traste 3

IMPORTANTE: La tablatura solamente te debe servir de guía. Todavía deberías mirar las notas, las cifras del compás, y los valores rítmicos de las notas escritas en el pentagrama.

Por cierto, se usa ambas formas de notación, el pentagrama y la tablatura, para todos los ejemplos musicales de este libro para hacerte la vida más fácil (¡no hay de qué!).

☞ Relájate por un rato, lee todo de nuevo más tarde, y después, adelante.
(Confía en nosotros—conforme vamos avanzando en el libro, empezarás a entenderlo).

LECCIÓN 1

No te quedes sentado ahí, ¡toca algo!

Si la mano izquierda "selecciona" una nota al presionar una cuerda en un traste, ¿qué hace la **mano derecha** ? La mano derecha es la que pulsa las cuerdas, pero existen tres maneras de pulsar, o tocar, con la mano derecha:

1. Con la púa...

Como el sonido que resulta es más acentuado, para muchos bajistas de rock ésta es su técnica de tocar preferida. Agarra la púa con la mano derecha como se ve en la gráfica y ataca cada cuerda:

Puntea con técnica de **púa abajo** (atacar la cuerda con un movimiento hacia abajo) o de **púa arriba** (atacar la cuerda con un movimiento hacia arriba).

Usando solamente la técnica de púa abajo, toca cada cuerda al aire con tu púa por un valor de cuatro tiempos ('al aire' quiere decir que no se presiona en ningún traste):

❷ Puntear con púa

Toca el mismo ejercicio otra vez, pero ahora con técnica de púa arriba.

2. Con un dedo...

Ésta es la técnica tradicional de tocar y te permite tener más control (porque tus dedos pueden tantear por dónde hay que moverse). El pulgar descansa sobre la **pastilla** mientras tocas las cuerdas con el dedo 1 (el índice).

Después de pulsar una cuerda, deja que el dedo 1 descanse sobre la próxima cuerda superior a la que acabaste de tocar. Por ejemplo, se tocas la cuerda 3, descansas el dedo 1 en la cuerda 4.

IMPORTANTE: No dejes que los dedos de tu mano derecha se te doblen o tuercen. Observa la posición relajada de la mano en la gráfica arriba.

❸ Ejercicio: técnica de dedos

NOTA: Después de tocar la cuerda 4, el dedo 1 puede descansar en la caja del bajo.

3. Alternando dos dedos...

La tercera técnica de tocar, y la más rápida, es alternar entre los dedos 1 y 2. Mantienes la mano en la posición de técnica de dedos (con el pulgar descansando sobre la pastilla) y pulsas la cuerda 3 una vez con el dedo 1, y luego una vez con el dedo 2:

❹ Ejercicio de dedos alternados

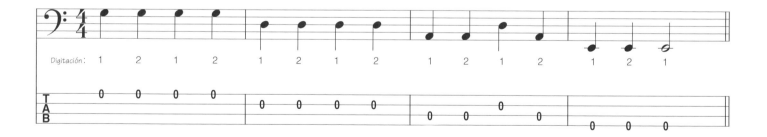

LECCIÓN 2
Qué fácil...

Has elegido tu técnica de dedos para tocar. Aprendiste todas las cuerdas al aire, y tienes ganas de tocar. Vamos al grano...

Cuerda 1: Sol

Ólvidate de las cuedas 2 a 4; vamos a centrarnos en la cuerda 1 de momento. Usa las fotos y las gráficas del diapasón a continuación para tocar tu nueva nota La.

Acabas de aprenderlo, pero merece la pena repetirlo. Aquí tienes la cuerda Sol al aire:

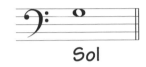

Sol

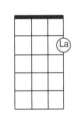

Pulsa la cuerda 1, presionando en el traste 2 con el dedo 2 y escucharás un La, que se escribe encima del Sol en el pentagrama:

La

Practica tus nuevas notas. (Si necesitas repasar rápidamente los valores rítmicos o las cifras del compás, vuelve a la página 6).

◆ 5 Dos notas

☞ "¿Qué pasó con el traste 1?" Esa nota se llama Sol sostenido. Vamos a explicarte los «sostenidos» más tarde.

NOTA: Sabemos que ya aprendiste otra nota llamada La (en la cuerda 3 al aire, página 8), pero estas cosas pasan. En nuestro sistema de nomenclatura, todas las notas van a tener uno de los siguientes nombres: Do-Re-Mi-Fa-Sol-La-Si. (En el sistema de nomenclatura de los países sajones, se usan las letras del abecedario, que corresponden a nuestro sistema así: C-D-E-F-G-A-B).

Toca la cuerda 3 al aire, y después el La que acabas de aprender:

6 Un solo nombre, dos notas diferentes

¿Suenan similares? El nuevo La suena a la distancia de una **octava** más aguda que la cuerda 3. Una octava significa que hay una distancia de ocho notas entre medio. Los bajistas tocan muchas octavas, así que debes acostumbrarte a este nuevo concepto.

Aplícalo...

Así como cuando lees un libro, sigues con la próxima línea de la canción cuando llegas al final de cada pentagrama. Pero, cuando veas este signo () , verás que estás al final de esa canción.

7 My Sharocka!

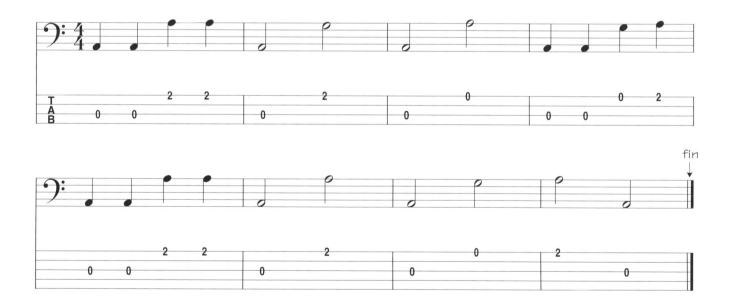

UNAS NOTAS MÁS SOBRE LA MÚSICA
(...¡disculpen el juego de palabras!)

Antes de pasar a la lección 3, queremos hablarte un poco más acerca de la representación gráfica que se usa en la música.

Los silencios...

Un **silencio** musical es un descanso. Al igual que las notas, los silencios también tienen valores rítmicos que te indican la duración del descanso, o sea, cuántos tiempos hay que parar:

silencio de redonda	silencio de blanca	silencio de negra
(cuatro tiempos)	(dos tiempos)	(un tiempo)

IMPORTANTE: ¡Un silencio no quiere decir que relajes los dedos o que sueltes el bajo! Durante un silencio, debes seguir leyendo y tener los dedos listos para la próxima serie de notas a tocar.

◆8 Para un momento

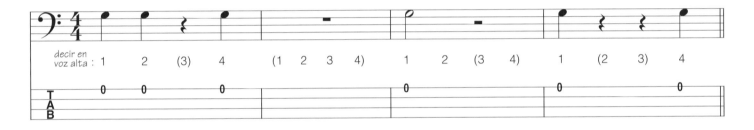

SUGERENCIA: Durante un silencio, practica **amortiguar**, o callar, las cuerdas con la mano izquierda (para que no suene nada).

◆9 Rock, roll, silencio

LECCIÓN 3
Avanzando...

Toma unos segundos para volver a la página 3 y asegurarte de que tu bajo sigue afinado. (Si el espejo se rompe cuando tocas, ¡lo más probable es que no!).

Cuerda 2: Re

Un breve repaso de la cuerda Re al aire:

Re

Ahora pulsa la cuerda 2, presionando en el traste 2 con el dedo 2 y oirás un Mi:

Mi

 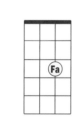

Presiona en el traste 3 con el dedo 3 y escucharás un Fa:

Fa

Es hora de tocar otro ejercicio. (¡Practica lentamente y cuenta en voz alta!)

🔟 Re-Mi-Fa

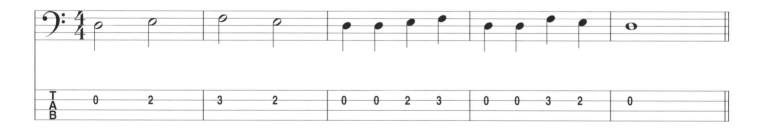

Cuando te sientas seguro con las notas Re-Mi-Fa, tócalas junto con las otras dos notas que sabes...

DESPLAZARSE ENTRE LAS CUERDAS: Cuando muevas los dedos de la cuerda 1 a la cuerda 2, trata de seguir leyendo la música y desplazar el dedo hacia la otra cuerda antes de que llegues a la nota siguiente.

⓫ Re, Mi, Fa y más

> **SUGERENCIA:** Al tocar una nota aguda, sigue presionando la nota más grave. Por ejemplo, deja el dedo 2 sobre el Mi mientras presionas el Fa con el dedo 3. Cuando vuelvas al Mi, sólo tienes que levantar el dedo 3.

⓬ Boogie con bajo

> **R**epite estos ejercicios por lo menos dos veces más, tocándolos cada vez un poco más rápido. Después, cuando estés listo (y después de un bocado de la refrigeradora), pasaremos a la lección 4.

LECCIÓN 4
Ahora tres...

Increíble —ya van seis notas. ¡Qué rápido aprendes! ¿Qué te parece si vamos a otra cuerda? (Asegúrate de que siga afinado tu bajo, si no, vuelve a la página 3).

Cuerda 3: La

La cuerda 3 es exáctamente igual a la cuerda 2 (salvo que es más gruesa):

No te olvides que esta cuerda al aire es la nota La:

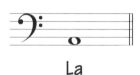

La

Presiona en el traste 2 con el dedo 2 y oirás un Si. (¡Mantén esos dedos arqueados!):

Si

Presiona en el traste 3 con el dedo 3, la nota es Do:

Do

Presientes que sigue un tema para practicar esto, ¿no?

13 La-Si-Do en rock

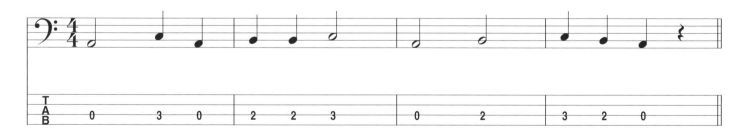

Ahora toca todas las notas que has aprendido...

◆14 De La a La

¿Te das cuenta de lo que acabas de tocar? Ésa fue tu primera **escala musical**, ¡La menor!

¿Qué es una escala musical?

Las notas se pueden ordenar en una sucesión de **semitonos** (en la guitarra, cada traste representa un semitono, es decir, de un traste para el que sigue) y los **tonos** (dos semitonos, o sea, a partir de un traste, moverse al tercero en la misma dirección). La mayoría de las escalas tienen ocho notas y entre sus dos extremos hay una distancia de una octava. La que acabas de tocar empezó con La y siguió el **orden de escala menor**, por lo tanto, se llama una escala de La menor.

Toca ahora esta línea de base formada con las notas de la escala de La menor...

◆15 Riff rockero

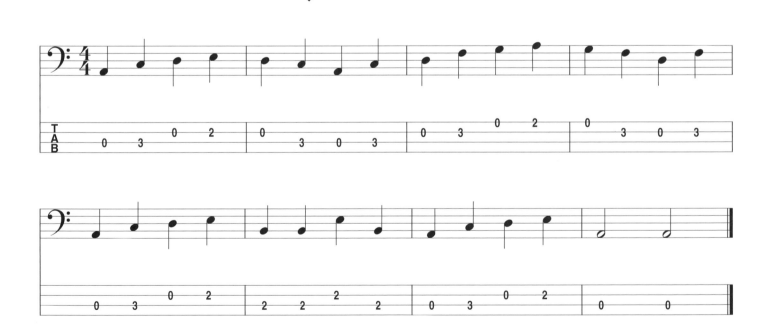

¡Las escalas son imprescindibles para los bajistas! Son el fundamento de todos tus riffs y figuras improvisadas. Vamos a aprender muchas escalas más en este libro, pero de momento...

TIENES RITMO

¡Qué ligadura!

Una **ligadura** une dos notas y significa que el valor de la primera nota se une al valor de la segunda nota con ligadura:

una blanca   +   una negra   = Tres tiempos
(dos tiempos)   (ligada a)   (un tiempo)

Cuenta   1   (2)   3   (4   1)   (2)   3   (4   1   2)   3   4

¡Las que tienen puntillos también son bonitas!

Otra manera de aumentar la duración de una nota es usar un **puntillo**. El puntillo aumenta la duración de la nota por la mitad de su valor. Muy común es la **blanca con puntillo**:

blanca   puntillo   =   blanca con puntillo
(dos tiempos) + (un tiempo)   —   (tres tiempos)

cuenta: 1   2   3   1   (2)   3   1   (2   3)   1   (2   3)

¡Es sencillo! Intenta algunas líneas de base con ligaduras y puntillos...

🔷16 ¡A ligar!

Acuérdate de contar en voz alta hasta que te compenetre y sientas el ritmo.

¡OJO! El ejercicio que sigue tiene compás de 3/4. Es decir, hay tres tiempos por compás. (Si deseas un repaso rápido, vuelve a la página 7.)

17 Rockin' en tres

Volvamos a un compás de 4/4, o sea, cuatro tiempos por compás...

18 Ligar con ligaduras

¡Excelente! ¿Pero lo puedes tocar más rápido? ¿Practicas con el audio?

19 Blues saltón

Los signos de repetición tienen dos puntos antes o después de una doble barra (|: :|). Significan que (¡ya lo adivinaste!) hay que repetir todo lo que aparece entre medio. Si hay sólo un signo de repetición al final (:|), nos indica que se repite todo desde el comienzo.

20 Juntos repetimos

☞ Éste es buen momento para descansar, tal vez tomar unos helados. Después regresas, repasas las lecciones 1 a 4 de nuevo y sigues con la lección 5.

LECCIÓN 5
Un poco más lento ahora ...

Vamos a ver lo que has aprendido: tres cuerdas y nueve notas. ¿No hay quién te detenga ahora, ¿no? Bueno, adelante con otra cuerda...

Cuerda 4: Mi

Esta vez, puedes tocar el traste 1 y saltarte el traste 2 (luego te explicamos porqué en la próxima lección) Luego, en la próxima lección, te explicamos porqué...

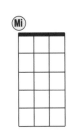

Claro, la cuerda 4 al aire es Mi:

Mi

Despierta al dedo 1, presiona en el traste 1, y escucharás un Fa grave (tu segundo Fa, hasta el momento):

Fa

Sáltate el traste 2 y presiona en el traste 3 con el dedo 3 (cuidado, ¡hay que estirar los dedos!). Esta nota es un Sol grave:

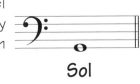

Sol

Sube el volumen y vamos a rocanrolear con estas nuevas notas bajas...

21 Mi-Fa-Sol

Y porque te gusta, tócalo dos veces más.

¿Te acuerdas de la octava de La a La? Acabas de aprender cuatro pares de octavas.
(¡No debe hacer falta que te digamos dónde están!)

22 Las octavas

UN TRUCO PADRE: Puedes encontrar la nota a una octava de cualquier otra nota rápido, sólo tienes que deslizar el dedo dos trastes y, partiendo de la cuerda de la nota original, saltarte a la tercera cuerda.

23 Saltos (no tan) enormes

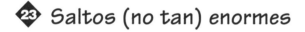

Si te duelen las yemas de los dedos, descansa tantito. Pero no te preocupes —cuanto más practiques, más rápido se te van a encallecer. (¡A poco creías que todo iba a ser fácil!)

¡Qué ritmo!

¿Qué te parece una negra o una corchea?

Una corchete en la plica:

Dos corcheas valen una negra, o sea, un tiempo. Para que sean más fáciles de leer, las corcheas se escriben con una barra que las unen.

Cuenta las corcheas dividiendo el tiempo en dos y usando la palabra «y» («1 y, 2 y, 3 y, 4 y»)

Practica esto primero contando en voz alta mientras sigues el ritmo al mover el pie con cada tiempo. Luego toca la nota mientras cuentas y mueves el pie con el ritmo.

¿Qué pasó con este silencio?

Los silencios de corchea tienen el mismo valor rítmico que las corcheas, sólo que…hay silencio. Cuenta, mueve el pie, toca, y deja de tocar con los silencios a continuación.

Ahora toca una línea de base con corcheas y silencios. (¡Sigue ese ritmo con el pie!)

24 Corcheas rockeras

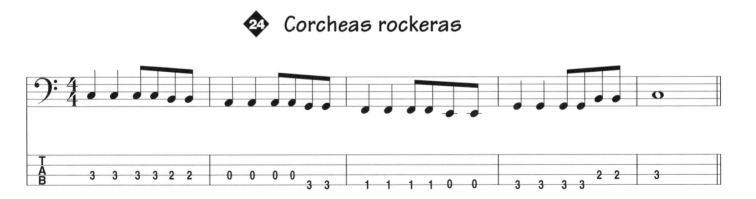

Excelente. Pero no pares allí…

Los compases incompletos...

En vez de comezar una canción con silencios, se puede usar un **compás incompleto**. Un compás incompleto sencillamente borra los silencios. De este modo, si el compás incompleto sólo tiene una parte, tú cuentas "1, 2, 3" y empiezas a tocar en el tiempo 4:

Inténtalo con estos riffs con compases incompletos:

25 Marcha incompleta

26 Avance furtivo

Cuidado con las corcheas del compás incompleto de la canción que sigue, y acuérdate de amortiguar las cuerdas durante los silencios...

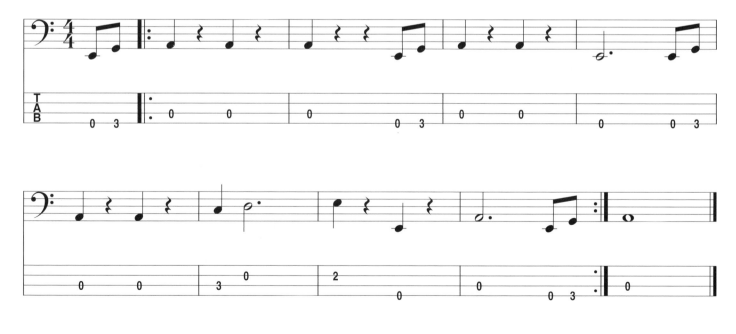

¡Acuérdate de practicar lentamente! Acelera el tempo solamente cuando te sientas más seguro de las notas.

LECCIÓN 6
¡Los sostenidos!

El porqué de habernos saltado esos trastes...

Como aprendimos en la página 16, la música tiene **semitonos** y **tonos**. Cuando en una canción se necesita que una nota sea más alta o más baja por solamente un semitono, se coloca un signo al lado de esa nota.

Un semitono para arriba (más alto) se llama un **sostenido** y se anota así: ♯

Un semitono para abajo (más bajo) se llama un **bemol** y se escribe así: ♭

EXCEPCIÓN A LA REGLA: De un Mi a un Fa es sólo un semitono; de un Si a un Do es sólo un semitono. (Mira las teclas blancas de la gráfica del piano en la página 3).

Aprenderemos dos notas que evitamos antes —una con sostenido y otra con bemol:

En la cuerda 4, presiona en el traste 2 con el dedo 2 y toca un Fa sostenido:

En la cuerda 3, presiona en el traste 1 con el dedo 1 y toca un Si bemol:

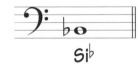

27 Groovin'

28 Groove rítmico

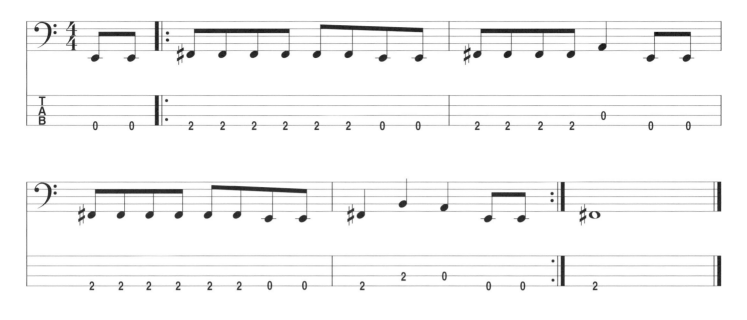

Como te prometimos, aquí tienes otra escala con sostenido:

29 Escala de Mi menor

Repite la escala otra vez y luego intenta tocar un *riff* basado en ella (con cuidado, está en compás de 3/4 y las notas son todas corcheas):

30 Riff en Mi menor

¡Híjole, cómo se mueven esos dedos! («¡Y cómo se pueden enredar!»). Practica, practica y practica más.

Ahora pasamos a otra escala, una con el bemol que aprendiste:

31 Escala de Fa mayor

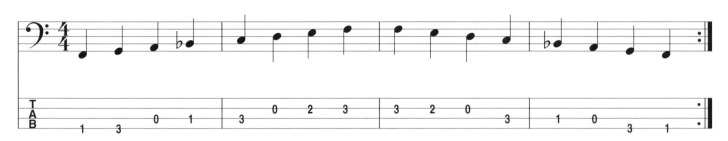

¡Felicidades! Ésa fue tu primera escala **mayor** (te lo explicamos luego). Ahora toca un ritmo y una canción basada en la escala de Fa mayor:

32 Escalando en Fa

NUEVA REGLA: Un **signo de becuadro** (♮) anula el efecto de la alteración de una nota (el sostenido o el bemol) y el sonido vuelve a ser el original (pero sólo durante ese compás).

33 Corazón roto

¿Cuál es la diferencia?

Hay dos cosas que determinan el nombre de una escala: la nota más grave de la escala, que se llama la nota **tónica**, y la **sucesión** de tonos y semitonos que se usan. (Para repasar los tonos y los semitonos, vuelve a la página 16).

Mayor o menor...

Como podrás ver (y oír), una escala mayor no es más grande (ni más importante) que una menor, es sólo un nombre. La verdadera diferencia entre las dos es el orden específico de la sucesión de semitonos y tonos con los que se forman la escala. Te puedes basar en este orden para formar escalas a partir de cualquier nota.

A continuación tienes gráficas del orden de las sucesiones que corresponden a la escala mayor y a la escala menor:

34 Sucesión de una escala mayor

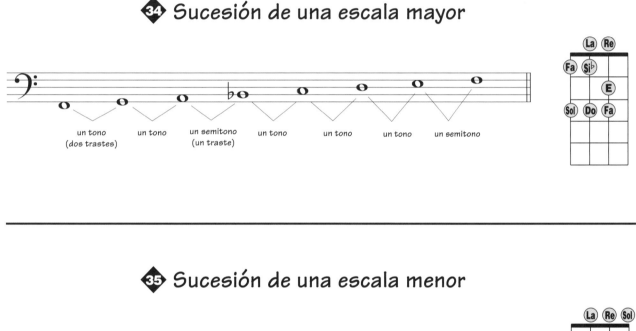

35 Sucesión de una escala menor

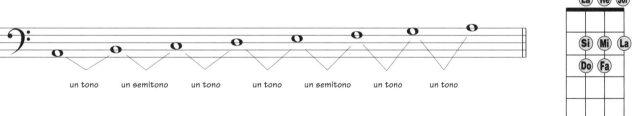

APRENDERLO DE OÍDO: Sin mirar cuál es la sucesión usada, puedes distinguir de oído la diferencia entre las escalas mayor y menor. En otras palabras, una escala mayor suena «feliz» y una escala menor parece «triste».

LECCIÓN 7

Casi se nos olvida...

¿Quieres más notas? Aquí tienes dos notas más en el traste 1 que nos saltamos antes en el traste 1...

Notas: Mi bemol y La bemol

En la cuerda 2, presiona en el traste 1 con el dedo 1 y tocarás un Mi bemol:

Mi♭

En la cuerda 1, presiona en el traste 1 con el dedo 1 y toca un La bemol:

La♭

36 Más rock 'n' roll

28

Unir los puntillos...

¿Recuerdas la blanca con puntillo (tres tiempos)? Una **negra con puntillo** vale un tiempo y medio:

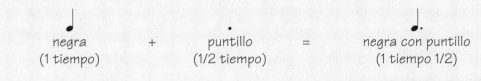

negra   +   puntillo   =   negra con puntillo
(1 tiempo)   (1/2 tiempo)   (1 tiempo 1/2)

Piensa que es como una negra ligada (con ligadura) a una corchea.

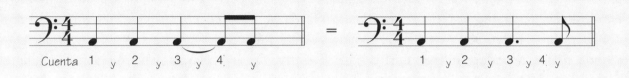

Escucha los dos ejemplos del audio mientras das palmas con el tiempo. Cuando sientas el ritmo de la negra con puntillo, trata de tocarlo...

⟨37⟩ Estilo balada

⟨38⟩ Dusty Road

Esta lección fue corta, pero ¡NO TENGAS PRISA! Tómate tu tiempo y repásala una y otra, y otra vez más...

LECCIÓN 8

Depende de tu base ...

Como ya has aprendido, la nota **tónica** es la nota más grave (baja) de la escala, y es la nota que sirve para darle el nombre a una escala. Las notas tónicas también le dan el nombre a los **acordes**...

¿Qué es un acorde?

Los acordes consisten en tres o más notas que se tocan simultáneamente. En nuestro sistema se distingue entre los acordes mayores y menores escribiendo 'mayor' o 'menor' después de la nota, por ejemplo, Do menor. (Ver la página 11.) En el sistema sajón, se usan **signos de los acordes (cifrado)**. Si el acorde es mayor, se usa solamente la letra de la nota en mayúscula, y si es menor después de la letra se escribe una 'm'. (Por ejemplo: G, Em). Estos signos se escriben encima del pentagrama, indicando de esta manera cuáles son los acordes que se tocan en cada compás.

Escucha unos ejemplos de acordes en el audio:

39 Sol mayor–Mi menor–Do mayor–Re mayor–Sol mayor

Para acompañar los acordes...

Aunque los bajistas por lo general no tocan acordes, es importante saber lo que son, ya que tus líneas de base usarán las notas de los acordes que se toquen.

Escucha de nuevo la banda 39 del audio. Para la próxima canción, tocarás la nota tónica indicada por cada signo de acorde o cifrado. (Recuerda, G=Sol, E=Mi, C=Do, D=Re).

40 Básicamente bases

Trata de variar el ritmo del acompañamiento de la misma serie de acordes a continuación.

41 Básicamente rítmico

Un poco más rápido ahora…

42 Base rápida

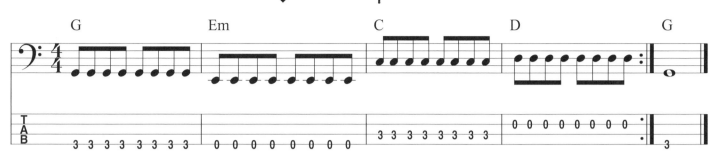

Aquí tienes varios ejercicios más con acompañamiento compuesto de notas tónicas. Sólo tienes que seguir los signos de acordes …

43 Ritmo punk

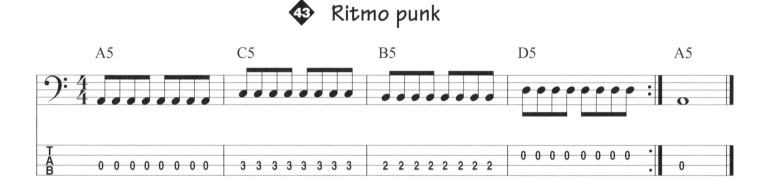

44 Rock duro, ritmo no. 1

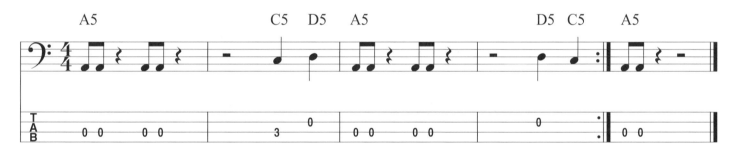

45 Rock duro, ritmo no. 2

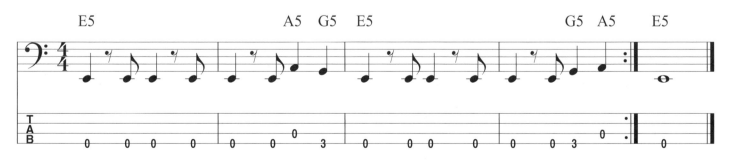

Además de la nota tónica, puedes usar otras notas de la escala para crear tus líneas de tónica…

La octava…

Intercambia la nota tónica con la nota a una octava más alta o más baja…

46 Saltando

¡Lento al principio! Recuerda que hay que tener paciencia, practicar y avanzar a tu propio ritmo.

47 Octavas rock

48 When Johnny Comes Rockin' Home

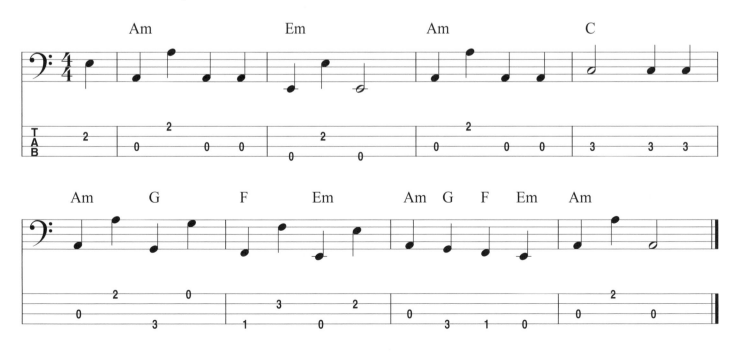

La quinta...

¿Te acuerdas de la sucesión de notas para una escala mayor? (Si no, vuelve a la página 27).
Si subes cinco notas a partir de la primera de la escala, tienes una **quinta** (lógico, ¿no?).

Los acordes también tienen quintas. Sólo cuentas desde la nota tónica de un acorde, es el
«1», y subes hasta el «5» para encontrar la quinta de cualquier acorde.

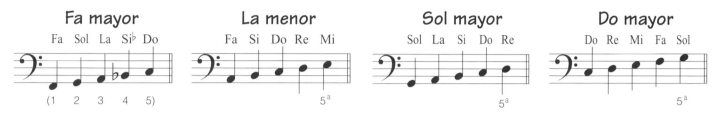

Alterna la nota tónica con la quinta:

49 Base de quintas

👉 UN TRUCO DE LO MÁXIMO: Una quinta superior o más alta de cualquier nota siempre queda
a una distancia de dos trastes en la cuerda que sigue.

50 Auld Lang Syne

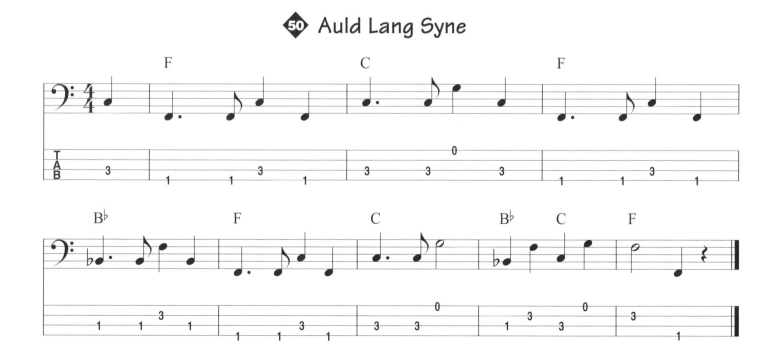

También puedes tocar la quinta que queda **debajo de** la nota tónica del acorde. Por ejemplo, la quinta de Do es Sol. Puedes tocar el Sol superior o inferior al Do:

ES BUENO SABER QUE: Lo fácil de tocar la quinta inferior a la nota tónica es que queda en el mismo traste que la nota tónica, solamente que está en la cuerda que sigue (más grave):

51 Pop Punk

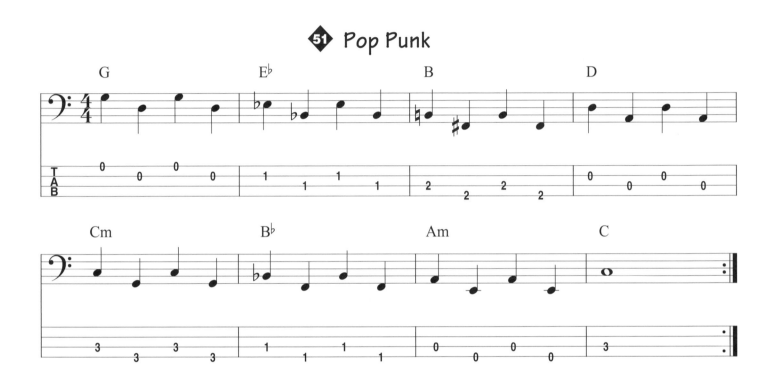

52 Greensleeves

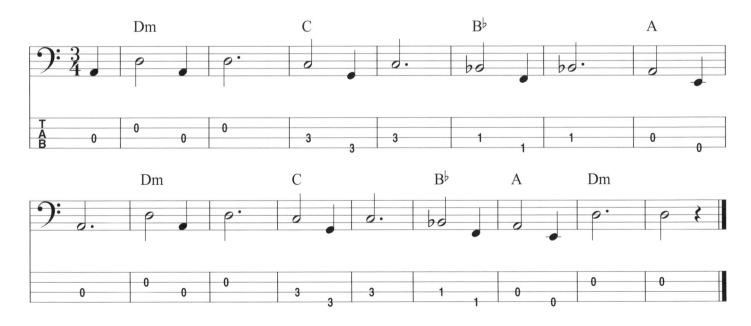

Trata de combinar las notas tónicas con las quintas y las octavas (y una que otra nota entre medio)...

53 Ritmo rock

Acuérdate de mirar la música, ¡NO tus dedos!

54 Scarborough Fair

☞ **A**DVERTENCIA: Seguir ahora sin dormir puede constituir un peligro para que te diviertas al aprender a tocar el bajo. Descansa mucho y mejor, ¡acuéstate!

LECCIÓN 9
¿Hasta dónde puedes llegar?

¿Todavía estás afinado? ¿Relajado? ¿Listo para aún más notas?

Las notas en el traste 4

Despierta al dedo 4 (¡oye, meñique!) y estíralo hasta alcanzar el traste 4 de cada cuerda para aprender las siguientes notas nuevas:

En la cuerda 1, el traste 4 es un «Si agudo»:

Si

 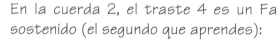

En la cuerda 2, el traste 4 es un Fa sostenido (el segundo que aprendes):

Fa#

En la cuerda 3, el traste 4 es un Do sostenido:

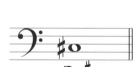

Do#

 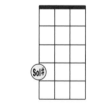

En la cuerda 4, el traste 4 es un Sol sostenido:

Sol#

55 Tema del cuarto traste

36

56 Sostenidos rockeros

Los bajistas nunca se mueren, solamente se desafinan. (¡Asegúrate de que no estés desafinado!)

57 Ritmo de detective

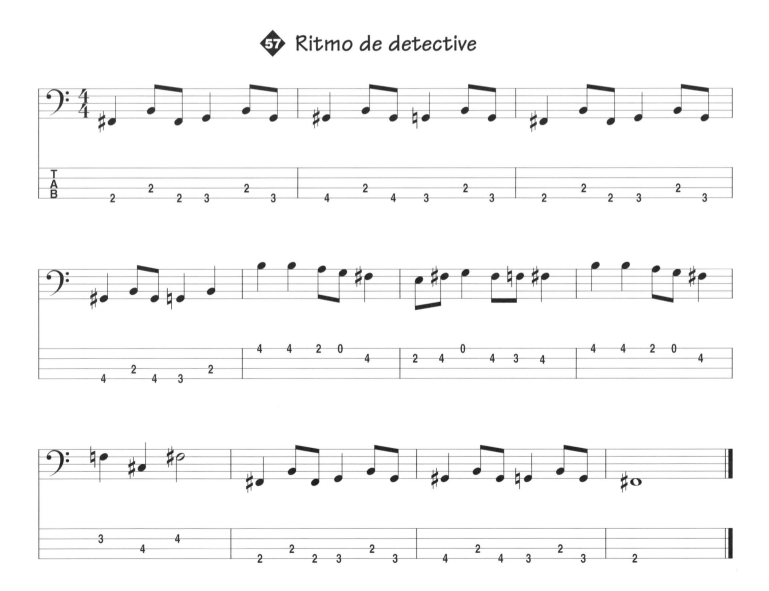

Si vas a tocar notas altas por un «Si agudo», lo puedes hacer sin estirar ese pobre dedo 4…

La segunda posición

Desliza la mano por el mástil de tu bajo eléctrico de manera que tu dedo 1 queda en posición sobre el traste 2. En la cuerda 1, el dedo 1 toca ahora un La, el dedo 3 toca un «Si agudo», y el dedo 4 aprende una nueva nota…

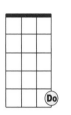

El traste 5 es un «Do agudo», que se escribe en una línea adicional encima del pentagrama:

Do

Toca ahora tu nueva nota (en la segunda posición)…

58 Muévete en alto

NOTA: El traste 5 de cualquiera de las otras tres cuerdas es la misma nota que la próxima cuerda al aire. Dependiendo del tipo de canción que toques, puedes elegir si tocas estas tres notas en una cuerda al aire o en el traste 5. (Siempre es bueno tener opciones, ¿no?)

A continuación, una escala más con tu nuevo "Do agudo":

59 Escala de Do mayor

SI TE SIENTES BLUE

Otra sucesión de notas de una escala que nos vas a agradecer por habértelo enseñado es la **escala de blues**. Escucha el audio, luego trata de tocar una escala de blues con nota base de Do:

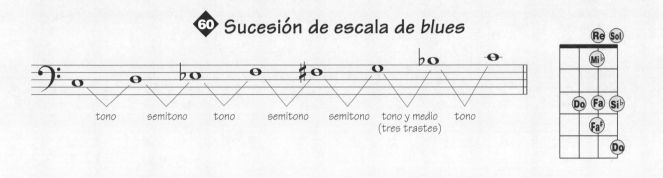

60 Sucesión de escala de blues

¡Qué te quede grabada en la memoria la sucesión de una escala de blues! Úsala, o solamente partes de ella, para improvisar unos riffs basados en cualquier nota base que van a sonar increíbles...

61 Funky Blues

62 Blues rápido

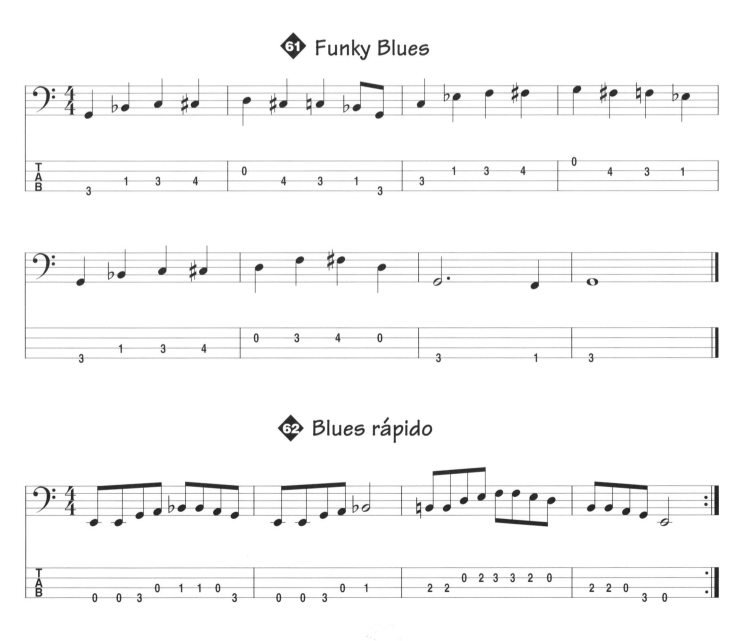

LECCIÓN 10
El tono de la canción...

Una canción basada en la escala de Do mayor se dice que está en el **tono** de Do. Puesto que la escala de Do mayor no cuenta con sostenidos ni bemoles, los temas y los *riffs* en el tono de Do tampoco tienen sostenidos o bemoles:

63 Heartland Rock

De igual modo, las canciones en el tono de Sol se basan en la escala de Sol mayor, que tiene un sostenido —el Fa sostenido que aprendiste en la cuerda 2, traste 4:

64 Escala de Sol mayor

LA DIGITACIÓN, UN CONSEJO: En vez de estirar los dedos, toca la escala de nuevo con la mano en la segunda posición (¡ay, qué cómodo!). También verás que es más fácil usar la segunda posición para tocal los *riffs* en el tono de Sol.

En vez de poner un signo por cada sostenido de una canción, se usa la **armadura de clave** al comienzo de cada línea del pentagrama para indicar cuáles son los sostenidos de esa canción. Por ejemplo, el tono de Sol tiene un sostenido, por lo tanto, la clave de la armadura presentará un sostenido en la línea de Fa que te indica que debes tocar todos los Fa como Fa sostenido.

El tema que sigue está en el tono de Sol (observa la armadura de clave), y para que sea más fácil y cómodo de tocar, usa la segunda posición:

65 Rock en Sol

Cuando no hay armadura de clave, quiere decir (¡claro!) que estás en el tono de Do:

66 Blues de la preocupación

Bueno, si cuando no hay una armadura de clave estamos en el tono de Do, y cuando hay un sostenido quiere decir que es el tono de Sol, ¿qué tal si vemos una armadura con un bemol? Ése es el tono de Fa, basado en la escala de Fa mayor (en la página 26)...

67 Rockin' Up the Board

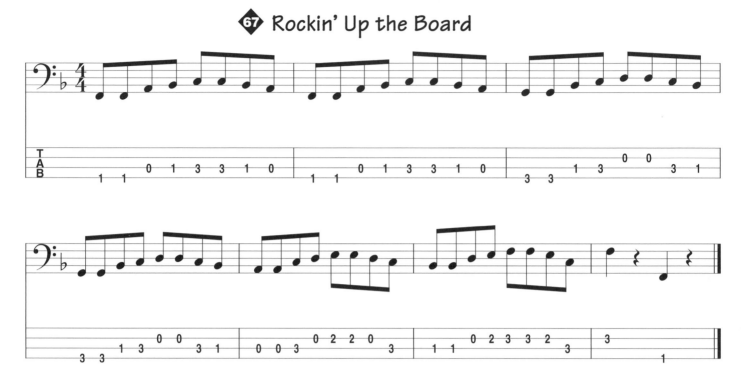

SUGERENCIA: Deja que tus ojos se adelanten al leer, anticipando así la nota que vas a tocar. (Si, ¡es más fácil decirlo que hacerlo!).

68 Good Night, My Fans

OJO: Casi has llegado al final de este libro. Descansa un rato, corre a tu tienda de música y ¡cómprate el libro de **Fast Track Bass Songbook**! (No te arrepentirás).

UN POCO DE TODO...

Por último, déjanos hablarte de uno de los conceptos rítmicos más esenciales –y divertidos– de la música...

La síncopa

La síncopa no es nada más que tocar todas las notas en los «tiempos débiles» del compás. Hace que la música suene más espontánea y, vamos, es fabuloso para bailar). Escucha un ejemplo musical sin síncopa en el audio:

Escucha ahora el mismo ejemplo con síncopa:

Todavía se puede sentir el tiempo, pero claramente es más rítmico.

Toca esta línea de base con síncopa. Acentúa las notas que lleven un signo de **acentuación** (>)encima de ellas –la mayoría de estas notas no caerán en el primer tiempo del compás)...

LECCIÓN 11
Hora de que pagen una entrada...

Esto ya no es una lección...¡vamos a improvisar en esta sesión!

La última sección es igual en todos los libros de FAST TRACK (guitarra, teclado, bajo y batería).
Así que tú puedes tocar solo con el audio, o tú y tus amigos pueden formar una banda.

De modo que esté la banda en el audio o en tu casa, que empiece el espectáculo ...

72 **73** **Exit for Freedom**

banda   sin el
completa   bajo

76 **77** Billy B. Badd

banda completa · sin el bajo

¡Bravo! ¡Bis, bis!
Acuérdate de practicar a menudo y trata siempre de aprender más acerca de tu instrumento.

¡ESPERA! ¡NO TE VAYAS TODAVÍA!

Aunque esperamos, e imaginamos, que repasarás todo este libro una y otra vez, ya nos parecía que estarías deseando tener una hoja que resume todo, incluyendo todos los acordes que has aprendido. Bueno, ¡aquí la tienes!

Notas para el bajo:

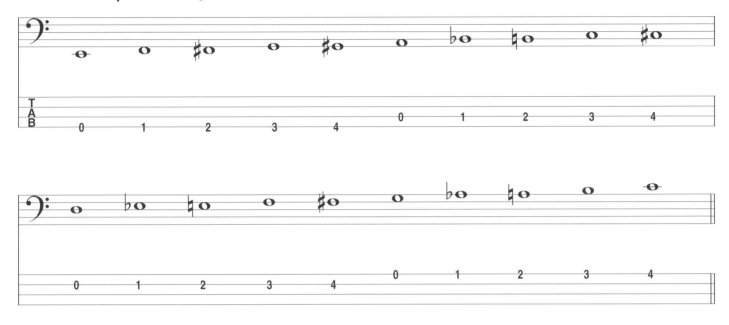

«¿Qué hago ahora?»

Aquí presentamos unas sugerencias para ayudarte a perfeccionar tu conocimiento del bajo:

1 **La repetición es la mejor manera de aprender.** Repasa los ejercicios de este libro muchas veces hasta que toques todas las notas y los acordes con facilidad, sin siquiera tener que pensar para hacerlo.

2 **Compra el libro "Bass: Book 2,"** que te enseña mucho más sobre las notas, las técnicas, y los fundamentos de la música.

3 **Compra el «Bass Songbook»,** un excelente libro con los temas clásicos de los Beatles, Clapton, Hendrix, Billy Joel, ¡y más! Con un poco de suerte, lo podrás encontrar en la misma tienda que tenía este libro.

4 **Disfruta de lo que hagas.** Se trate de practicar, puntear, improvisar, ejecutar, afinar o hasta limpiar tu bajo, hazlo con una sonrisa —la vida es muy corta.

Hasta la próxima vez...

ÍNDICE DE CANCIONES

(...¿qué libro quedaría completo sin uno?)